AF242430

THOMAS MILLET,

CITOYEN FRANÇAIS,

A M. DE MIRBECK,

COMMISSAIRE NATIONAL-CIVIL.

« Nos pouvoirs fur les moyens à employer
» n'ont d'autres limites que celles d'une ref-
» ponfabilité effrayante, par l'étendue des
» obligations qu'elle nous impofe : C'EST
» UNE VÉRITABLE DICTATURE ».

*Lettre de M. de Mirbeck à l'assemblée coloniale
de la partie française de Saint-Domingue.*

IMPRIMÉ AU CAP-FRANÇAIS
PAR MARTIN.

1792.

A M. DE MIRBECK,

COMMISSAIRE NATIONAL-CIVIL.

Au Cap, le 29 Février 1792.

MONSIEUR,

LA nation françaife régénérée, la nation qui venait de brifer les fers du defpotifme, a donc délégué à trois individus les pouvoirs de LA DICTATURE ! et pour les exercer fur qui ? Sur les habitans de Saint-Domingue, qui fe font donnés à la France de leur propre mouvement, fur les malheureufes victimes de leur attachement à des opinions politiques, qui ont apporté dans leurs contrées l'affaffinat, l'incendie, la dévaftation, enfin tous les crimes que peuvent commettre le fanatifme et la féroce crédulité, armés par la plus aftucieufe politique, mais qui n'ont pu altérer leur patriotifme et leur amour pour la conftitution. La France n'a-t-elle conquis fa liberté qu'à la charge des colonies, et pour faire retomber fur elles tout le poids dont elle venait de fe décharger ? Vous êtes dictateurs ! fans propriétés, fans connaiffances de l'application des nouvelles lois à nos localités, fans aucun intérêt à la confervation de ces contrées, fans autre véhicule que l'orgueil d'un fuccès que vous ne croirez complet qu'autant qu'il ruinera les bafes de l'organifation de la partie françaife de S. Domingue ; qu'il vous eft facile d'étendre un fceptre de fer fur les monceaux de cendres qui vous environnent, et de dire à ceux des infortunés colons qui ont échappé au

maſſacre : « Vos frères d'Europe ont conquis une
» liberté qui a entraîné votre ruine et votre mort ;
» ils nous ont néanmoins donné tous pouvoirs ſur
» vous : ainſi , ſoumettez-vous en ſilence , et laiſſez-
» nous , *sur notre responsabilité* , mettre le comble
» à vos infortunes ». Vous êtes dictateurs ! ! ! En
attendant que , par l'exercice de ces fonctions terri-
bles et toutes puiſſantes , vous ayez impoſé ſilence
à la vérité , en attendant que vous ayez prononcé
ſur ma tête la ſentence de mort , de proſcription
ou d'infamie , je vais vous parler avec la franchiſe
et la fermeté que j'ai porté au tribunal de la nation
ſouveraine.

Si l'aſſemblée coloniale a chargé trois commiſ-
ſaires « de déterminer ſon opinion ſur vos pou-
» voirs , les cas dans leſquels vous vous en êtes
» écartés , et les dangers qui réſultent de ces écarts
» pour le ſalut de la colonie » ; pourquoi répondez-
vous ſeul à cette inculpation ? Elle vous eſt com-
mune avec vos collègues. Le peuple que l'on a
cherché , dites-vous , à égarer , le ſera bien davan-
tage , en voyant que vous ne répondez pas collecti-
vement ; il jugera que la commiſſion n'ayant pas de
moyens de juſtification , craint de compromettre
ſa reſponſabilité , et que vous n'avez d'autre but que
de conſerver ou d'étendre l'influence de votre force
morale ſur les hommes faibles qui croient à vos
pouvoirs illimités ; ou bien , il verra entre vous et
vos collègues une méſintelligence décidée.

Quels ſont donc les bons citoyens qui vous ont
communiqué les juſtes alarmes qu'ils ont con-
çues de la diſcuſſion de l'aſſemblée coloniale ,
ſur ce qui vous concerne ? Les bons citoyens ne
ſont donc pas ceux que le peuple a choiſis pour la

(5)

défenfe de fes droits ? Ce font donc ceux qui les cenfurent ? Depuis que cette difcuffion eft commencée , vous n'avez certainement pu connaître l'opinion des parties de l'oueft et du fud : vous n'avez même pu connaître celle de la partie du nord. Toutes les communications y font interrompues. Vous n'avez pu juger fainement de celle de la ville du Cap , puifque , fi le rapport des commiffaires de l'affemblée coloniale fur ce fujet a été fuivi des plus vifs applaudiffèmens , le mémoire de votre collègue , M. Roume , en a auffi obtenu quelques-uns , après néanmoins les témoignages d'improbation les plus évidemment démontrés , par les murmures des galleries de l'affemblée. Je peux donc conclure que vous appelez les bons citoyens ceux qui ont fréquenté chez vous , depuis que les opinions manifeftées par votre correfpondance , en ont éloigné les vrais amis de notre conftitution. Les feuls bons citoyens font donc la petite fociété qui vous entoure de ces attentions délicates , de ces petits foins qui captent la bienveillance et entraînent ces confidérations perfonnelles dont tout homme revêtu d'un caractère public, devrait fi foigneufement fe garantir.

Voulez - vous connaître l'opinion du peuple ? convoquez-le dans une vafte enceinte ; là montrezlui vos pouvoirs , montrez - lui vos inftructions ; prouvez-lui quelle a été *votre impartialité* , lorfque vous avez prodigué des éloges à des monftres , encore teints du fang de leurs anciens maîtres , de leurs bienfaiteurs , de leurs pères : prouvez -lui quelle a été *votre modération* , lorfque vous avez outragé les affemblées provinciales de l'oueft et du fud , dont les commettans n'ont à fe reprocher que leur confentement , que leur aveugle confiance en des traités, en des concordats que vous avez regretté que l'affemblée coloniale n'ait pas propofés elle-même, mais que vous faviez alors n'être dictés que par la plus atroce perfidie, puifqu'ils n'en avaient. pas moins été fuivis du maffacre et de l'incendie : prouvez-lui quelle a été *votre juftice*, lorfque vous avez confondu les bons citoyens, ceux qui ne fe font armés, qui ne combattent que pour leur dé-fenfe et celle de la loi, dans le pardon que vous faites efpérer à ces forcenés cannibales, qui ont accumulé fur leurs têtes tous les crimes poffibles, contre la nature et contre les lois. Si vous avez l'autorité des dictateurs, c'eft contre ceux-là qu'il faut l'exercer, et non pas légitimer leur révolte, en leur fefant l'application de principes que la charte conftitutionnelle de l'empire a déclaré ne leur être pas propres. Prouvez enfin à ce peuple affemblé, *quels sont vos droits pour rappeler à ses devoirs* une affemblée de légiflateurs, à laquelle l'affemblée conftituante a délégué une portion de fa fouveraineté,

Vous dites fort bien, Monfieur, *le peuple n'aime pas qu'on le trompe, et il a raison ;* mais le peuple de Saint-Domingue n'a plus cette crédulité imbé-cille qui lui fefait plier le genou devant des ordres arbitraires. Il a vu vos pouvoirs circonfcrits dans la commiffion que vous avez dépofée aux archives de l'affemblée de fes repréfentans ; il fait qu'en conf-titution, il n'eft point d'autorité déléguée dont les bornes ne foient févèrement prefcrites. Il fera trop fage et trop prudent pour croire à votre dictature ; et dans ce cas, il évitera de fe rappeler qu'un des premiers droits du citoyen, eft la réfiftance à l'oppreffion.

C'eſt aux yeux de ce peuple, qui aime et reſpecte ſon roi, intervertir la portion d'autorité que la conſtitution a confié au monarque, et faire outrage a ſes vues bienfeſantes, que de dire *que le roi a regardé comme une suite des motifs qui ont déterminé son choix et sa confiance, de s'en rapporter à votre sagesse sur l'exercice de cette autorité;* et cette autorité, c'eſt une DICTATURE ! Dites-moi donc ce que c'eſt qu'une dictature à charge de reſponſabilité !

Le roi s'eſt certainement renfermé dans les bornes des pouvoirs qui vous étaient conférés par les décrets nationaux. Il n'a pu leur donner ni interprétation, ni extenſion. Il ſavait que tout ce qui s'en ferait écarté aurait été frappé de nullité ; et lorſqu'il a jugé à propos de faire une proclamation, pour rappeler les eſclaves révoltés à leurs devoirs, pourquoi, en l'envoyant à ſon repréſentant, lui a-t-il ordonné d'en conférer avec l'aſſemblée coloniale ? Pourquoi ne l'a-t-il pas envoyée aux *dictateurs ?*

Premièrement, c'eſt qu'après la loi conſtitutionnelle du 28 ſeptembre, il ſavait que c'eût été porter atteinte à l'autorité légiſlative de l'aſſemblée coloniale, que de ne pas la ſoumettre à ſa délibération.

Secondement, c'eſt qu'il vous a formellement et expreſſément défendu de vous mêler en aucune manière de ce qui concerne les eſclaves et les gens de couleur et nègres libres : je le tiens de de vous-même ; et c'eſt une conſéquence néceſſaire de la loi du 28 ſeptembre.

Vous puiſez l'autorité dont vous vous inveſtiſſez dans des décrets ; et vous arguez de celui rendu le 29 novembre 1790, concernant la Martinique ! Des

confidérations particulières , des circonftances pref-
fantes avaient déterminé ce décret : la pofition de
la Martinique exigeait des mefures qui ont dicté
les difpofitions de cette loi ; et vouloir l'appliquer
à Saint-Domingue , ce ferait induire que celle du 12
octobre 1790 convenait et était applicable à Pondi-
chéri , ou aux ifles de France et de Bourbon , où
les agens du miniftre la Luzerne avaient auffi porté
le trouble et la révolte.

C'eft vraiment parler en *dictateur* , que de dire
que la loi du 11 février 1791 eft *une extension*
de celle du 29 novembre 1790. Il faut être revêtu
de l'arbitraire toute-puiffance pour interpréter une
loi ; c'eft donner des limites bien étendues à cette
refponfabilité effrayante qui vous eft impofée. Mais
examinons ce que contient cette loi du 11 février
en elle-même , et non pas confidérée comme une
extenfion de celle du 29 novembre 1790.

Je vois que l'affemblée nationale , voulant faire
ceffer les troubles , et raffurer les bons citoyens ,
par un développement de puiffance , elle en a
confié , *dans les ifles du vent* , les difpofitions à
des commiffaires nationaux , pour que l'influence de
la perfuafion pût toujours accompagner l'ufage de
l'autorité.

Je vois qu'il entre également dans fes vues de
faire concourir les mêmes mefures dans les autres
colonies , et notamment dans celle de Saint-Domingue , *et qu'il est conforme à ses principes de
vouloir calmer les esprits , faire cesser les divisions,
conduire paisiblement à un vœu commun tous ceux
qui désirent le bien public.*

Je vois enfin qu'en réfumant ces deux confidé-
rans , et qu'en les réduifant à leur fens formel et

précis, ils expriment la volonté de l'assemblée nationale, d'envoyer à Saint - Domingue des commiffaires civils, comme elle a envoyé aux isles du vent
des commissaires nationaux, et que ceux de Saint-
Domingue auront pour mission expresse *de calmer
les esprits, de faire cesser les divisions, de conduire
paisiblement à un vœu commun tous ceux qui désirent
le bien public.*

Effectivement , Monsieur , Saint - Domingue
n'avait besoin que de cette espèce *de développement de puissance.* Il n'y avait alors point de
révoltes , d'incendies, de massacres, comme à la
Martinique. Cependant , si vous trouviez dans ces
considérans toute l'extension des pouvoirs que vous
vous attribuez , je vous répondrais qu'un considérant n'est pas une loi ; que dans plusieurs décrets
qui nous concernaient , l'assemblée nationale a
prouvé ce principe ; qu'après avoir exprimé, dans
un considérant du décret du 12 octobre 1790 , *la
ferme volonté de ne prononcer sur l'état politique des
hommes de couleur et nègres libres, que sur la demande
formelle et précise des assemblées coloniales* , elle a
contredit ce considérant par le décret du 15 mai, en
prononçant sans attendre leur demande ; et bien plus
encore par la loi constitutionnelle du 28 septembre ,
en leur déléguant le droit de prononcer elles-mêmes.
Si vous persistiez enfin , au moins pour ce qui concerne les esclaves et les hommes de couleur et nègres libres , je vous dirais que ces expressions du
décret constitutionnel du 24 septembre 1791 , *sans
qu'aucun décret antérieur puisse porter obstacle au
plein exercice du droit conféré par le présent article
aux assemblées coloniales* , terminent absolument la
question , et anéantissent toutes les inductions que
vous pourriez tirer de ces considérans. §¶§

Examinons maintenant le texte du décret. Le premier. article vous charge *de maintenir* à Saint-Domingue l'ordre et la tranquillité publique ; à l'effet de quoi il vous fera donné tous pouvoirs à ce néceſſaires, *même celui de suspendre*, ſi vous l'eſtimez convenable, le jugement des affaires criminelles qui auraient été intentées à raiſon des troubles qui ont eu lieu dans cette colonie, ainſi que l'exécution de ceux deſdits jugemens qui auraient pu être rendus.

Cet article eſt clair et précis ; il n'eſt ſuſceptible d'aucune extenſion, d'aucune interprétation ; et je n'y vois point *ces pouvoirs qui n'ont d'autres limites que celles d'une responsabilité effrayante :* je n'y vois point *une véritable dictature.*

Le ſecond article ne vous concerne en aucune manière ; et ſi l'aſſemblée nationale y parle des *arrétés* ſur l'organiſation de la colonie, c'eſt qu'elle n'avait pas encore conféré aux aſſemblées coloniales le pouvoir légiſlatif définitif qui *décrète.*

Le troiſième article ne regarde ni vous, ni la partie françaiſe de Saint – Domingue, et ne peut être d'aucune autorité pour vous.

Des inſtructions particulières, dites-vous, vous autoriſent, dans les cas non-prévus, à vous rapprocher des lois faites pour le royaume.

Voilà des inſtructions tout auſſi inconſtitutionnelles que dangereuſes, et qui ſont formellement en contradiction avec les décrets, qui autoriſent l'aſſemblée coloniale à ne prendre des lois faites pour le royaume, que ce qu'elle jugera applicable *à ses convenances locales et particulières.* Mais ces inſtructions ajoutent, dites-vous, *lorsque les localités coloniales n'éleveront aucun obstacle.* De qui apprendrez - vous donc fi les localités coloniales élèvent quelque obftacle ? Serez-vous encore juges fuprêmes en ce point ? Quoi ! l'affemblée nationale, fouveraine en toutes les parties de l'empire, foumet à l'affemblée coloniale de décider quelles lois du royaume peuvent être appliquées à ces contrées; et vous, Monfieur, fans la confulter, fans en conférer avec elle, vous décidez la queftion ! Votre autorité eft donc fupérieure à celle de l'affemblée nationale? Ou bien confulteriez - vous *ces bons citoyens qui vous ont communiqué leurs alarmes sur la discussion de l'assemblée coloniale à votre égard ?* Venez, Monfieur, au milieu de cette affemblée : c'eft au fein des repréfentans du peuple français de Saint-Domingue, que vous connaîtrez le vœu de ce peuple; c'eft-à-dire, ce qui convient à fon bonheur, auquel vous devez avoir miffion expreffe de coopérer, fans quoi votre miffion ferait nulle. C'eft - là que vous ne ferez point environné de ces vues dangereufes d'une politique deftructive, dont je vous rends la juftice de vous croire plutôt l'inftrument que le partifan.

C'eft à la nation, dites-vous, de vous punir, fi vous avez abufé de vos pouvoirs. Hélas ! vous fourniffez - là une nouvelle occafion à l'affemblée coloniale, d'examiner, au moins pour les colons, et à la diftance où nous fommes de la France, combien eft illufoire la refponfabilité des fonctionnaires publics, qui ne doivent compte qu'à l'affemblée nationale ou au roi.

L'affemblée coloniale n'a pu défapprouver que vous traitaffiez immédiatement, que vous euffiez une correfpondance directe avec les corps populaires intermédiaires; mais elle a dû trouver fort mauvais, que vous ayez reproché à la municipalité du Port-au-Prince de n'avoir pas fait ufage de la loi martiale ; que vous ayez écrit à l'affemblée provinciale du fud, que les décrets de l'affemblée nationale devaient lui fervir de règle, et qu'elle devait avoir recours à votre autorifation, parce que vous ne pouvez pas ignorer qu'aucune autorité, à Saint-Domingue, ne peut mettre à exécution les décrets nationaux, fi l'affemblée coloniale ne les a au préalable jugés applicables aux localités, et qu'elle feule peut à cet égard donner une autorifation aux corps populaires. Un procédé contraire ferait une ufurpation criminelle de pouvoirs ; enfin, la plus complette anarchie.

Après ce court développement, il eft inutile de difcuter l'autorité que vous puifez dans le décret concernant les départemens du Haut et du Bas-Rhin : vous n'êtes pas excufable d'avoir pu foupçonner que qui que ce foit pût s'accommoder d'un exemple aulfi futile et aulfi dérifoire, et d'avoir cru que l'on trouverait un rapport exact entre une affemblée adminiftrative, et celle autorifée à examiner, fur un point, quelles lois nationales feront applicables à fes localités, et fur l'autre à prononcer définitivement, avec la fanction abfolue du roi.

Les éloges que vous donnez aux dignes foldats francais, aux bons citoyens qui ont foutenu les commiffaires civils, contre les adminiftrateurs des départemens du Haut et du Bas-Rhin, pourraient paffer pour de dangereux moyens de féduction, que vous préparez contre les repréfentans du peuple ; mais feront fans effet, comme l'appel au peuple de M. Roume : ce peuple n'y verra point l'inten-

tion de l'affemblée nationale, confacrée dans le dé=
cret de votre nomination, *de calmer les esprits,
de faire cesser les divisions, de conduire paisiblement à un vœu commun tous ceux qui désirent le
bien public.* Ce qui fera configné dans les faftes de
l'empire et dans le cœur de tous les colons, et qui
mérite de l'être, c'eft le courage, c'eft la conftante
fermeté avec lefquels ces dignes foldats francais et
ces bons citoyens ont combattu les lâches affaffins
que vous comblez d'éloges. *Cette récompense sera
digne d'eux ; elle sera le prix de leurs vertus, et
tout l'or du monde ne la vaut pas.*

L'affemblée coloniale ne peut vous avoir reproché de faire des lois fur les efclaves et les hommes
de couleur ; elle fait que, d'après la loi conftitutionnelle du 28 feptembre, perfonne qu'elle n'a
ce droit. Elle fait même qu'aucune autorité ne peut
agir fur ce point, qu'elle n'ait reçu d'elle l'impulfion. Cependant, entrant dans les vues de l'affemblée nationale, *de calmer les esprits, de faire cesser
les divisions, de conduire à un vœu commun tous
ceux qui désirent le bien public,* elle a approuvé,
rendu même hommage à vos démarches, tant qu'elle
a cru que, comme conciliateurs, *vous les engagiez
à la paix, à la soumission, à cesser les hostilités, à
mettre bas les armes, à recourir à sa clémence et
à sa générosité ;* mais lorfqu'elle a vu l'attaque
de Jacmel, la perfidie des hommes de couleur
d'Ouanaminthe, leurs entreprifes à Jérémie, les
tentatives fur la ville du Cap, le maffacre des habitans, depuis Léogane jufqu'aux Baradaires, le
maffacre et l'incendie dans toute la partie du fud
de l'ifle, le maffacre de la Petite-Rivière de l'Artibonite, elle a gémi de l'inutilité des voies de con-

ciliation employées par vous (1) ; mais elle a consulté votre correspondance, jamais communiquée et toujours publiée trop tard, pour qu'elle pût en modifier les dispositions, suivant *les convenances locales et particulières*, que l'assemblée nationale a toujours respectées ; et elle a vu avec effroi votre lettre aux personnes réunies à la Croix-des-Bouquets, dont l'analyse, s'il m'était possible de la faire ici, témoigne suffisamment quels principes vous ont déterminé à l'acceptation de votre mission, lorsque ceux qui vous avaient précédé l'avaient refusée, parce qu'ils avaient cru le décret du 15 mai impossible dans son exécution ; et dans la division des points que vous discutez dans cette lettre, relisez vous-même *le troisième*, et dites-moi si c'est-là le langage des porteurs du décret du 24 septembre, et si ce n'est pas, au contraire, celui des protecteurs zélés de la loi révoquée du 15 mai ? Vous terminez cette étrange dissertation, par fournir aux révoltés un moyen de résistance à la loi ; moyen posé sur un principe faux, et d'autant plus dangereux de votre part, que vous le légitimez par l'influence qui vous accompagne, puisque vous passez pour les organes de la volonté nationale. Vous dites aux révoltés que, s'ils jugent que l'assemblée coloniale n'ait pas fait pour eux tout ce qu'il convenait,

---

(1) Je remarque avec la douleur la plus amère que la nouvelle attaque de Jacmel, que les assassinats commis à la Petite - Rivière de l'Artibonite, que les entreprises des hommes de couleur à l'Arcahaye & aux Vérettes, ont eu leur effet depuis que M. de Saint-Léger est dans la partie de l'ouest. Où est donc cette magie qui par la présence du commissaire national devait disperser tous les révoltés, et les soumettre à la loi *par l'influence de la persuasion ?*

ils pourront employer le moyen légal de pétitions au roi. Tant que l'affemblée coloniale ne leur accordera pas toutes leurs prétentions les plus exagérées , elle n'aura rien fait qui leur convienne. Le moyen légal de pétitions au roi , que vous leur indiquez d'une manière fi fpécieufe , a pour but d'empêcher la fanction des actes de l'affemblée , fur ce qui les concerne. Dites-moi donc quel fera le terme de cette lutte , dont le réfultat fera toujours le maffacre et la dévaftation ; et quel eft votre motif , en l'alimentant par cette étrange affertion , que celui que la loi foumet , peut , par des pétitions , en empêcher la fanction ? Où ferait donc la liberté du monarque ? Son refus ou fon approbation feront donc l'effet de la féduction ou de l'obfeffion ?

Eft-ce *pour arracher des mains des brigands les torches et les poignards qui nous environnent* , que vous légitimez leur révolte , en difant en votre lettre n°. 2 , à la municipalité du Port-au-Prince , que les confédérés de la Croix-des-Bouquets ne fe trouvent en état de rébellion contre la loi du 28 feptembre , qu'à caufe que leurs adverfaires voulaient s'oppofer au décret du 15 mai ? C'eft une inconféquence impardonnable , que d'autorifer les hommes de couleur , et leurs coalifés , d'une loi qui n'a jamais été envoyée officiellement , et qui par conféquent n'exiftait pas. Mais dans quel temps leurs adverfaires ont ils réfifté à cette prétendue loi du 15 mai ? Les traités , les concordats , les actes de l'affemblée coloniale, n'atteftent-ils pas qu'ils étaient déterminés à s'y foumettre , dès qu'elle ferait officiellement connue ? Qui d'entre eux a pris les armes avant d'y être provoqués par la violence , les maffacres , les incendies , les dévaftations , commis par les hommes de couleur et leurs coalifés ? Qui d'entre eux a eu d'autre but que de défendre leurs propriétés, leurs perfonnes et la loi ? Et cependant vous écrivez à l'affemblée provinciale du fud, à ces braves citoyens, environnés des crimes les plus atroces qu'ait pu imaginer la férocité la plus réfléchie, à ces malheureux qui ne repofent plus leurs regards que fur des monceaux de cendres, et fur les cadavres mutilés de leurs parens, de leurs amis; vous leur écrivez froidement « que la nation et le « roi verront de très-grands torts dans l'un comme « dans l'autre parti, et que ces torts ne peuvent « être effacés que par un pardon général (2) ».

Je ne doute point que les malheureux colons, de cette contrée fur-tout, ne demandent juftice à la France de cette outrageufe calomnie; et d'avance, je la demande en leur nom; et je vous fomme de prouver qu'aucun citoyen repréfenté à l'affemblée provinciale du fud, ait pris les armes, fi ce n'eft pour la défenfe de la loi, de fes propriétés, de fa perfonne, et avant même qu'il ait été provoqué par la révolte des hommes de couleur et des efclaves. Mais par-tout votre motif fe décèle; par-tout vous cherchez à atténuer, aux yeux de l'Europe, les crimes des brigands dévaftateurs de ces contrées; par-tout on trouve le but de votre correfpondance avec M. Briffot (3).

---

(2) Les révoltés de cette partie ont combattu fous un drapeau blanc, orné de fleurs de lys peintes avec le fang de leurs bienfaiteurs, de leurs pères, & ont porté pour cocardes les oreilles des blancs qu'ils avaient maffacrés. Voilà les hommes affimilés aux citoyens qui ont combattu pour la loi !

(3) M. Roume a avoué cette correfpondance ; & en a

Si vos sollicitudes sont continuelles, pour la con-
servation de nos personnes et de nos propriétés, elles
ne le font pas pour celle de nos lois ; et il eſt bien
étrange que, fous les yeux de votre collègue, la
municipalité de la Croix - des - Bouquets ait fait le
·ferment *de maintenir la constitution du royaume*,
lorfque la charte conſtitutionnelle, pour la confervation de notre exiſtence, nous a déclarés hors
de la conſtitution. Maintenir la conſtitution du
royaume !........ Et c'eſt par l'entremife d'un com-
miſſaire national, que ce ferment eſt parvenu à l'affemblée coloniale ! Mais la follicitude, la véritable
follicitude eſt prudente ; elle eſt même défiante.
Après la perfidie des hommes de couleur d'Ouanaminthe, après celle de ceux de Tiburon, quelle
crédule confiance au repentir de ceux de Sainte-Su-
zanne, vous a portés à leur écrire comme vous l'avez
fait ? Chaſſés de leurs repaires par les brigands qu'ils
avaient armés, et avec lefquels ils avaient difputé
de crime, fi même ils ne les avaient furpaſſés ;
parce qu'il ne leur reſte de reſſource que dans la
générofité des blancs, auprès defquels ils fe réfu-
gient, vous dites *que leur patriotisme égale leur*
courage ; au lieu de faire tonner fur leur têtes cou-
pables toutes les menaces des pouvoirs *de votre*
dictature, vous les remerciez au nom de la nation,
de la loi et du roi. C'eſt pour les aſſaſſins que font

---

donné pour motif que M. Briſſot était le feul membre de
l'aſſemblée nationale qu'il connût. Je penfais que les cor-
refpondans des délégués de la nation devaient être ⸀es repréfentans de la nation, en la perfonne de leur préfident.
Il eſt bien malheureux que ce motif ait fait tomber le
choix fur l'ennemi le plus ardent des colons, & fur leur
calomniateur.

les éloges ; et vous êtes *dictateurs* pour l'assemblée coloniale !

Il est certain que l'article IV de la loi du 28 septembre, sanctionnée le même jour, autorise les commissaires *civils* à publier une amnistie en faveur *des hommes de guerre* ; mais cela ne peut s'entendre en faveur des révoltés *qui ont fait la guerre*, et qui ont pris les armes contre une loi notoirement faite pour eux (4). Ils sont autorisés de même à publier une proclamation, pour rappeler dans leurs foyers *les citoyens* qui s'en sont éloignés, et inviter tous les habitans à l'union, à la concorde et à la paix. On voit assez que la première partie de ce dernier objet, n'est qu'une application vague d'une loi faite pour la France, afin d'y rappeler les émigrans, et que la seconde est de formule dans les proclamations ; mais on voit aussi que la loi du 15 septembre, et celle du 28 du même mois, vous ont autorisés à faire des proclamations sur des objets spécialement indiqués, et non pas que vous ayez le droit inhérent de faire des proclamations. Arguer

---

(4) Il en coûte à mon cœur de retracer des scènes d'horreur & de sang ; mais je dois dire quel a été au Petit-Goave l'effet de ces voies de conciliation consignées dans l'amnistie publiée par MM. les commissaires nationaux. Les hommes de couleur du Petit-Goave & leurs coalisés reçoivent cette amnistie ; ils tirent des prisons trente-quatre citoyens blancs, qu'ils réservaient au supplice ; ils les conduisent sur une place : par un raffinement de cruauté inouie, ils les fusillent, & ne leur cassent que les cuisses & les jambes, afin de les faire mourir dans les tourmens de la rage & du désespoir ; ils les entassent ; & sur ce monceau de victimes palpitantes, inondées de flots de sang, ils publient froidement l'amnistie qui leur accorde le pardon des crimes abominables qu'ils viennent de commettre.

de celle que l'affemblée coloniale vous a invités de faire, c'eft dépofer contre vous-mêmes. Vous avez reçu l'impulfion d'elle: comme affemblée légiflative, elle vous a invités à employer l'influence de votre force morale ; elle vous doit, et vous a fait des remercîmens de votre condefcendance.

Quelles *entraves* a-t-on donc porté à vos opérations ? N'eft-ce pas le défaut de forces phyfiques qui les fufpend, comme il fufpend celles de l'affemblée coloniale ? Attribueriez-vous à cette conteftation qui s'eft élevée depuis quelques jours, les nouveaux malheurs de Jacmel et de la partie du fud ?

Pourquoi prenez-vous le ton de l'enthoufiafme ; pourquoi invoquez-vous le nom de l'humanité et du falut de la colonie, pour inviter l'affemblée à travailler à fa conftitution ? Serait-ce parce que fans moyens de faire exécuter les lois qu'elle trouverait convenables, elle fe trouverait obligée de les accommoder aux circonftances, et d'accorder aux révoltés les difpofitions de ce concordat que vous regrettez que l'affemblée coloniale n'ait pas propofé elle-même? Je laiffe l'opinion publique juger le but de ce confeil.

S A L U T :

T. M I L L E T.

www.ingramcontent.com/pod-product-compliance
Lightning Source LLC
Chambersburg PA
CBHW061633050726
47595CB00007B/3191